AF249913

ÉTUDE

SUR SIEYÈS,

PAR

EDMOND DE BEAUVERGER.

Docteur en droit.

IMPRIMERIE

DE HENNUYER ET Cⁱᵉ, RUE LEMERCIER, 24.

BATIGNOLLES.

1851

EXTRAIT DE LA *REVUE DE LÉGISLATION ET DE JURISPRUDENCE*
N° d'Avril 1851.

Imprimerie de HENNUYER et Cᵉ, rue Lemercier, 24. Batignolles.

ÉTUDE SUR SIEYÈS.

A la fin du siècle dernier, au sein de cette génération extraordinaire qui allait renouveler la France, deux hommes particulièrement personnifiaient la force active et la contemplation féconde : déjà nous avons rapproché les deux imposantes figures de Mirabeau et de Sieyès. Orateur prêt à toutes les luttes, homme d'Etat universel, d'un mot tranchant toutes les difficultés, éclaircissant toutes les incertitudes, le premier, sans perdre de vue le but final ni les principes, guidait au milieu des écueils, des orages de chaque jour, le navire où l'autre, immobile, rêvait sans toucher le gouvernail; mais tels étaient les enfantements de cette méditation solitaire, que le grand tribun dénonçait *comme une calamité publique* la suspension des oracles qu'il recueillait du grand penseur.

Quand la Révolution éclata, personne, sans doute, autant que Sieyès, n'avait sondé les questions qui, de toutes parts, comme des abîmes, apparaissaient sous les fondements de l'antique société. Faible de corps, ardent de pensée, confiné dans une profession qui lui avait été choisie, et qu'il acceptait comme la loi de la plus dure fatalité; doué d'un sens sûr et délié pour juger et manier les hommes, mais tenu à l'écart du monde par un mécontentement chronique, une mélancolie ombrageuse, habitude de ses jeunes années; pour consumer, comme il le dit[1], son activité, son temps,

---

[1] *Notice sur sa vie et ses travaux*, écrite par lui-même, messidor an II.

il avait d'abord parcouru, sans direction arrêtée, le cercle
entier des sciences humaines; puis, spécialement attiré
par les recherches métaphysiques, il avait enfin fixé là son
esprit avide de savoir. Il s'était, par ce genre d'études, ac-
coutumé à remonter vers les principes de toutes choses, et,
autant que possible, à se soustraire à l'empire des idées
d'autrui; il avait voué à la *raison* un culte fervent, qui bientôt, grâce à une appplication encore mieux déterminée
de ses aptitudes, s'était élevé à l'enthousiasme. Les problè-
mes de la politique avaient découvert au jeune prêtre sa
véritable vocation, et dès lors il avait senti ce qu'il expri-
mait ainsi plus tard : « L'influence de la raison est un
« phénomène que peu d'hommes savent apprécier. L'a-
« mour de l'humanité, le désir de la perfection sociale,
« l'attachement passionné d'un esprit droit à de si grands
« objets passent leur portée morale : ils ne peuvent y croire.
« Ils ne comprennent même pas que l'*art social* puisse réel-
« lement occuper et enthousiasmer les artistes philosophes,
« comme l'attrait de la peinture, le goût de la belle archi-
« tecture, la recherche d'une belle harmonie s'emparent
« du musicien, du peintre et de l'architecte. »

Epris donc pour la liberté d'une passion qui absorbait
toutes les facultés de son âme, il songeait à l'aller chercher
sur les rivages de l'Amérique, lorsqu'elle vint le trouver en
France, et lui ouvrir une carrière appropriée à ses talents.
Il eut à peine saisi la plume, que sa réputation fut faite;
l'expression de son mécontentement contre les choses exis-
tantes devint celle des griefs de tous. Mêlant à l'argument le
sarcasme, on le vit d'abord recenser par catégories de ridi-
cules, d'injustices, d'usurpations, tout ce qui formait l'ordre
social, entre ces princes du sang, d'une part, « pouvant tout,
hors de se ruiner plutôt que le Trésor public », et, de l'au-

tre, cette classe d'hommes que la langue du privilége « ne pouvait caractériser autrement que par des injures[1] ». Mais ces hommes, quels étaient-ils? Purement et simplement la nation, moins cent et quelques mille têtes. *Qu'était-ce que le Tiers?* C'était le nombre, c'était la force, c'était le droit; ce n'était rien et c'était tout. On avait de cette vérité un sentiment timide et vague: Sieyès, le premier, la proclama[2]. De ce jour, les rôles furent fixés : plus de concessions, plus de transactions, plus d'atermoiements, de demi-mesures; la souveraineté changeait de place. Retournant contre les privilégiés leurs prétentions de droits spéciaux : « il est de principe, disait Sieyès à la veille des élections, que tout ce qui sort de la qualité commune de citoyen, ne saurait participer aux droits politiques[3]. »

On peut évaluer le succès de la mémorable brochure d'où nous extrayons ces paroles, par le témoignage tout spécial de confiance et de gratitude que le tiers Etat de Paris voulut décerner à l'auteur[4]. Membre des Etats généraux, dont il avait d'avance tracé la conduite et les destinées[5], Sieyès commence par faire adopter aux vrais repré-

[1] *Essai sur les priviléges*, 1788.

[2] M. de Lauragais (*Lettres à M*mc ✱✱✱) fait honneur à l'esprit de Chamfort de l'idée première développée par « la plume de fer mal taillée » que Chamfort attribuait à Sieyès. En lisant tout le dialogue entre l'écrivain et le seigneur, et en acceptant de celui-ci l'anecdote comme authentique , on ne saurait au moins s'empêcher de remarquer avec Pascal : « Combien il y a de différence entre écrire un mot à l'aventure sans y faire une réflexion plus longue et plus étendue, et apercevoir dans ce mot une suite admirable de conséquences. »

[3] *Qu'est-ce que le tiers?* 1788.

[4] Les électeurs du tiers État avaient formellement décidé qu'ils ne nommeraient ni nobles ni prêtres. Après dix-neuf nominations, ils rapportèrent cet arrêté, et la vingtième fut celle de Sieyès.

[5] *Vues sur les moyens d'exécution dont les représentants de la France pour-*

sentants du pays, ce nom d'*Assemblée nationale*, prédestiné à tant de gloire; il les encourage dans un rôle qui n'est point une usurpation, mais une revendication : « Vous êtes aujourd'hui, leur dit-il à la séance du 23 juin, tout ce que vous étiez hier »; et quand leurs droits sont assurés, alors, laissant à Mirabeau, dont il a reconnu la puissance, le soin de lutter pour les défendre, il donne carrière à son génie dans les lois d'organisation : organisation de la presse, dont il a soin de proclamer, en en réprimant les abus, la liberté préexistante; organisation de la justice, qu'il prétend reconstruire à neuf sur l'antique base du jury, et nous verrons jusqu'où, pour lui, s'étendait cette vaste pensée; division du territoire, et substitution de l'unité à l'esprit de provincialisme, par la grande conception de l'organisation départementale; organisation, enfin, de la représentation nationale et de l'administration publique. Nous essayerons de présenter toutes ces idées dans leur ensemble et dans leur dernier développement. Seul parmi tant d'hommes éminents, Sieyès venait à la Constituante avec un système complet; système si bien approprié au caractère des événements, que s'il dut quelquefois céder à l'empire des circonstances, la marche subséquente des faits le ramenait naturellement à son enchaînement primitif, et que, tout bien considéré, il ne fut jamais modifié autant que pourrait le faire croire un examen superficiel. Si le principal conseiller, le plus fameux législateur de la République française vit ses conceptions aboutir à un établissement monarchique; si le premier ad-

---

ront disposer en 1789. —*Plan de délibération pour les assemblées de bailliages.* — Le premier ouvrage contenait trois propositions principales : 1° les États généraux ont le droit de législation; 2° il ne tient qu'à eux de l'exercer librement; 3° ils peuvent rendre permanent et indépendant le résultat de leurs délibérations.

versaire des priviléges vint se reposer dans un sénat, comblé de distinctions méritées, qu'on ne l'accuse point d'imprévoyance ou d'inconséquente ambition. Jamais le comte Sieyès n'avait prêché l'égalité sans hiérarchie ; il n'avait jamais attaqué dans les hommes à priviléges que « les véritables ennemis de la subordination » ; il n'avait jamais présenté la monarchie en elle-même comme une notion opposée à ses principes et à ses vœux, témoin sa curieuse polémique avec le cosmopolite Payne, en 1791 :

La monarchie, la république ne forment point antilogie : le corrélatif de *un* est *plusieurs* ; le contraire de la *chose publique* est la *chose particulière* ; si, bien souvent, l'une de ces choses a été sacrifiée à l'autre, n'était-ce pas un malheur commun à des états diversement qualifiés? Et si, au lieu de s'en tenir à la simple étymologie, on veut du terme *républiqus* faire le synonyme exclusif de constitution *représentative*, n'aura-t-on point encore besoin de demander quel gouvernement, *monarchique* ou *polyarchique*, convient à cette constitution ?

En d'autres termes, vaut-il mieux s'en remettre à une décision individuelle responsable, contenue par une volonté électrice irresponsable, ou à une décision à la majorité, déchargée de toute responsabilité légale ?

Vaut-il mieux, au premier degré de la hiérarchie exécutive, placer un conseil ou sénat, nommé soit par les députés, soit par les électeurs eux-mêmes, ou un monarque irresponsable, au nom duquel devront agir, sous leur responsabilité, d'autres monarques nommés par lui ?

La question de l'hérédité n'a qu'une importance secondaire : « Si la nation, poursuivait Sieyès, veut un jour s'ex-« pliquer par une assemblée constituante, sur la place du « monarque, soit qu'elle devienne élective, soit qu'elle reste

« héréditaire, nous ne perdrons pas pour cela la monarchie,
« puisqu'il y aura toujours ce qui en fait l'essence ; décision
« individuelle, tant de la part des monarques agissants que
« du monarque électeur. Enfin, j'espère que, l'opinion pu-
« blique s'éclairant de plus en plus dans les matières poli-
« tiques, on s'apercevra généralement que le *triangle*
« *monarchique* est bien plus propre que la *plate-forme répu-*
« *blicaine,* à cette division des pouvoirs, qui est le véritable
« boulevard de la liberté publique. »

Du reste, le grand analyste ne s'engageait que rarement
dans ces discussions volontaires. Il pensait, il disait qu'en
traitant les questions de droit sous l'empire des questions de
fait, l'ami de la vérité pouvait craindre de n'aboutir qu'à
servir malgré lui les desseins de tel ou tel parti. L'exception que nous venons de rapporter manifeste au plus haut
degré le tour vraiment original de ses opinions et de son
style. Ce style a le cachet du génie : ce qu'il dit est dit tout
à fait ; interprète d'idées nouvelles, les mots nouveaux ne
lui répugnent point ; pour combattre l'obscurité qui résul-
terait facilement de la profondeur des pensées, il abonde en
comparaisons spirituelles et familières ; quelquefois il de-
vient très-noble et d'une belle simplicité ; d'ordinaire, au
moins, il échappe à l'affectation dominante, au ton de dé-
clamation sentimentale et pédantesque si cher à l'éloquence
démagogique : on y reconnaîtrait plutôt, à de fréquentes
analogies, ou même à des emprunts directs, comme nous
l'avons vu tout à l'heure, la langue des mathématiciens,
et l'auteur tenait, en effet, à cette famille de penseurs, par
sa méditation constante, par sa puissance d'abstraction.
Peu propre à l'improvisation, et éprouvant, de toute manière, plus de difficulté et d'ennui à exposer ses conceptions qu'à les suivre mentalement dans leurs plus lointaines

conséquences, il faisait de l'algèbre sociale; il combinait les éléments que lui donnait la science des faits, et les transformait en principes par l'effort de sa réflexion, par l'opération de son *art*, le premier de tous, suivant lui, et où lui-même marchait le premier, au point de vue des théories. Dans son rôle d'homme d'Etat, l'influence qui persuade était loin d'avoir la même part que l'autorité qui impose, et ses plans, quand ils devinrent lois, ne durent leur réalisation qu'à des secours plus ou moins à charge à sa susceptibilité. Il semblait de la destinée de cet esprit extraordinaire de vivre mécontent des hommes. Supérieur à presque tous, il finit par en trouver un digne de le dominer lui-même, le reconnut[1], et s'en éloigna. Jusque-là, voyant souvent seul le but du mouvement général, y marchant droit, d'un pas rapide, et ne se trouvant pas suivi, il se résignait avec peine à se régler aux allures vulgaires; dans les calamités publiques, partageant l'affliction des honnêtes gens, dans les circonstances ordinaires, il se dépitait pour son compte. Son rang individuel marqué dans l'Assemblée nationale, à qui se réunira-t-il? *Aux avocats du club Duport,* « qui prennent leurs visions pour des vues, qui plaident toujours et plaident encore; pour quoi? le doublement du tiers? » — A la *faction Laméthique,* « cette troupe de *polissons méchants,* criant, intriguant, s'agitant sans action et sans mesure, puis riant du mal qu'ils ont fait? » — Aux *Fayettistes,* « plus moraux, *en apparence,* mais cherchant à tout absorber? » etc. Au dehors, croit-il remarquer que la Cour a su profiter des premières fautes de l'Assemblée,

---

[1] On connaît le mot par lequel, à l'issue de la première séance que tint le consulat provisoire, il peignait le premier Consul : « Messieurs, nous « avons un maître : ce jeune homme sait tout, peut tout et veut tout. »

qu'elle a fait des recrues d'opinions, que ce mauvais esprit a gagné beaucoup de maisons qu'il fréquente, il cesse de les fréquenter, il se décide à rester seul, plaignant la légèreté française, qui l'accuse d'avoir de l'humeur, et qui se trompe, nous dit-il.

A la fin de la Constituante, ayant refusé l'évêché que les habitants de Paris se disposaient à lui offrir, il rentra dans la vie privée, dans la retraite et dans l'étude, jusqu'au moment où les suffrages de trois départements[1], fidèles au souvenir de ses travaux, l'appelèrent à la Convention. Quels changements frappèrent ses yeux ! Un monde en remplaçait un autre. Ce ne fut plus seulement de l'humeur, ce fut de l'indignation que ressentit l'homme de l'ordre et de la liberté sincère, en remarquant les formes et le langage qui, à première vue, signalaient les envahissements de l'anarchie et l'approche de la terreur. Sa logique s'épouvanta de l'espèce de gageure impie qui, bouleversant toutes les idées par l'abus de toutes les expressions, faisait de cette égalité, invoquée naguère par lui comme la garantie générale de la justice et du bien-être, l'inégalité retournée et la misère égale pour tous ; qui, par la *révolution* et la *souveraineté du peuple*, représentait, d'une part, la ruine et le bouleversement de toutes choses, de l'autre, la domination de la classe la plus inculte et la plus prompte dans ses jugements, pis encore : un pouvoir sans bornes, attribué au groupe central de cette fraction d'habitants ou même du premier attroupement formé au premier coin de rue. « Que faire dans une pareille nuit ? » conclut Sieyès : — « Attendre le jour », et, plus

---

[1] La Sarthe, l'Orne et la Gironde. On lit dans le *Moniteur* d'alors un avis annonçant au citoyen Sieyès, qu'on n'a pu trouver nulle part, qu'il a été nommé député du département de la Sarthe, et l'invitant à se prononcer.

que jamais, il s'isola dans l'observation et le silence. Il eut,
cependant, de sages conseils et des vœux, sinon de l'espoir,
pour une partie de l'Assemblée, associée à ses répulsions.
Plus jeunes, plus ardents, plus confiants dans leurs projets
et leurs moyens que ne l'était leur grave collègue, les
brillants tribuns de la Gironde protestaient par des mœurs
polies et par de magnifiques discours contre le dévergondage
d'opinions, d'habitudes et d'entreprises, auquel leur propre
inexpérience et leur ambition impatiente avaient naguère
frayé le chemin. Ils succombèrent dans la lutte. Sieyès sur-
vécut sous le couteau, se dissimulant tant qu'il put au re-
gard méfiant de Robespierre, l'envieux et implacable Denys
du Comité de salut public.

A défaut de glorieux périls, le philosophe dépaysé eût
complétement recueilli les bienfaits de l'obscurité, dans
cette première période de sa carrière conventionnelle, sans
une grande et terrible épreuve où bien des courages faibli-
rent : nous parlons du procès du roi. Si, dans la députation
dont Sieyès faisait alors partie, neuf voix sur dix répétèrent
le mot fatal, et si l'exception ne fut pas faite par le génie
exceptionnel, nous le regrettons pour lui, sans doute ; mais
nous ne l'accuserons point de l'odieuse paraphrase ajoutée
après coup, sans preuves, à cette litanie de mort [1]. Libre,
après le 9 thermidor, de l'espèce de fascination qui le rete-
nait immobile à son banc de législateur, il s'occupa de ré-
parer, il recommença à élever, d'une main ferme et dili-
gente, l'édifice de la liberté. Assidu au travail des Comités,
occupant souvent la tribune, il y réclame la rentrée expia-
toire et solennelle des débris du 31 mai ; il y provoque des

---

[1] *La mort sans phrases*, désavouée par Sieyès, et dont on ne trouve aucune trace dans les documents de l'époque.

mesures pour assurer, à l'avenir, la sûreté de la représentation, le salut de la république, et le 12 germinal vient bientôt justifier ses précautions. A sa gloire de publiciste, il
ajoute, par les traités avec les Provinces-Unies, avec l'Es-
pagne, avec la Prusse, les succès de la diplomatie ; il re-
cueille, dans ses missions, auprès d'une république et d'un
roi, les hommages dus à l'un des fondateurs de la liberté
d'une grande nation, à l'une des lumières de l'Europe [1]. Il
est rappelé pour occuper, nonobstant un précédent refus,
une place dans le Directoire, et ses premiers mots officiels
prouvent que ce rigide penseur, sous sa physionomie sévère,
cachait un cœur non moins sensible aux douces émotions
de la patrie, que ne l'était son intelligence aux transports de
la vérité :

« En arrivant en France, en touchant le bienheureux sol
« de la République, mon cœur a tressailli ; mes yeux se sont
« remplis des plus douces larmes. O mes compatriotes, vous
« ne connaissez pas la jouissance la plus vive que puisse
« éprouver un Français, si vous n'êtes pas rentrés au sein
« de votre patrie après une longue absence ! »

Dans cette patrie, cependant, l'attendait un rôle difficile.
Déjà, malgré le soin qu'il prenait pour éloigner de sa personne l'attention que nécessairement attiraient sur lui ses

[1] Un témoin oculaire (OElsner, *Opinions et vie de Sieyès*, an VII) rapporte qu'une foule considérable bordait les routes de l'Allemagne sur le passage du messager de paix, du célèbre envoyé de la France. Il rapporte plusieurs anecdotes qui prouvent que d'ailleurs celui-ci savait rappeler au
besoin, avec une dignité spirituelle, les égards dus à sa mission. Un jour,
il y avait fête à la Cour ; la plupart des ambassadeurs, arrivés avant celui de
France, s'étaient empressés de prendre place, et le chambellan de service
montrait un certain embarras : « Monsieur, ne dérangez personne, lui dit
Sieyès à haute voix ; la première place sera toujours celle qu'occupera l'am-
bassadeur de la République française. »

travaux, dans la retraite où se réduisait l'austère simplicité
de ses mœurs, il avait failli succomber aux coups d'un as-
sassin fanatique [1]. Installé, comme membre, et bientôt
comme président du Directoire, à la tête du gouvernement,
ce fut aux attaques des libellistes qu'il se vit de toutes parts
exposé : selon les uns, il n'agissait que d'accord avec l'é-
tranger, comme le prouvaient son engouement pour tout ce
qui se faisait en Prusse et les marques de bienveillance
qu'il y avait reçues du souverain; d'autres rappelaient
qu'autrefois le parti d'Orléans avait mis en œuvre un plan
tracé par l'abbé Sieyès pour les assemblées de bailliages,
bien que l'auteur du plan affirmât qu'il n'avait, à aucune
époque, vu, dans ce parti mixte et douteux, autre chose
qu'un sujet de défiance, de divisions et de dangers.

Quand les nombreux anniversaires du calendrier politique
ramenaient l'occasion et le devoir de s'expliquer publique-
ment sur les manœuvres des partis et les intérêts de l'Etat,
le langage que tenait l'organe de la puissance exécutive
n'était pas celui d'un factieux ni d'un instrument de réac-
tion :

« Gardez-vous bien, disait-il au 10 août, de regarder
« comme des républicains ceux qui ont vu dans le renver-
« sement d'un trône, non pas le moyen d'établir un gouver-
« nement nouveau désiré par la nation, mais le droit de
« renverser, dans tous les temps, tout ce qui embarrasserait
« leur ambition; ceux qui pensent qu'affermir est toujours
« une lâcheté, détruire toujours une gloire; qui, ennemis

[1] Un ancien moine, nommé Poule, qui s'était successivement présenté,
avec les mêmes intentions, chez plusieurs membres des assemblées, dé-
clarant pourtant que Sieyès, comme le plus fort et le plus célèbre, était
son principal ennemi. Il le tira à bout portant. Sieyès eut le poignet fra-
cassé, et montra beaucoup d'énergie.

« effrénés de tout ce qui est ordre ou même apparence d'or-
« dre, veulent gouverner par des cris et non par des lois.

... « Ce ne sont point des républicains, ceux qui ne sa-
« vent que recueillir, échauffer, soulever les mécontente-
« ments contre l'ordre établi ; eux qui, dans d'autres temps,
« crurent que, pour gouverner, il fallait punir de mort
« quiconque osait ne pas être content ! qui, par le délire
« de leurs provocations, portent l'épouvante chez le citoyen
« paisible, tarissent la source de la richesse publique, frap-
« pent de mort le crédit, anéantissent le commerce, para-
« lysent tous les travaux ; qui parlent sans cesse de mal-
« heur et accroissent à plaisir le nombre des malheureux ;
« se disent les amis du peuple et ne savent que l'exaspérer,
« au lieu de le servir ; s'enflamment contre l'ennemi exté-
« rieur, mais sont bien décidés à ne pas le combattre.

... « Ce qu'ils veulent, c'est enivrer le public de dé-
« fiances, c'est porter la confusion et le découragement
« dans les esprits ; c'est pousser les Français au désespoir ;
« c'est maîtriser tout dans le trouble, c'est gouverner, en
« un mot, à quelque prix que ce soit. Français, vous savez
« comme ils gouvernent ! ! ! »

Il disait, le 18 fructidor :

« La République, au dehors, continuait à étonner de sa
« gloire tous les peuples qui ne sont pas restés étrangers
« aux révolutions humaines ; agitée longtemps au dedans,
« elle venait de se reposer enfin sur une Constitution,
« lorsque le royalisme, toujours infatigable, voulut s'em-
« parer de ce premier repos et le tourner tout entier à son
« triomphe.

« Il était parvenu à accroître ses forces de cette multi-
« tude irréfléchie qui croyait ne pouvoir trop haïr les temps
« qui pesaient encore sur tous les souvenirs, et ne voyait

« pas que ceux qui prétendaient les venger n'étaient propres
« qu'à les reproduire, etc. »

Que pensait et que voulait Sieyès? Quelquefois on le soup-
çonnait de viser, pour son propre compte, à une suprême
magistrature. On lui reprochait parfois aussi une inaction
apparente, qui tenait moins à sa volonté qu'à ses moyens
d'exécution : « Sieyès, écrivait M. de Lafayette, arriva
« comme la divinité du dénoûment et ne dénoua rien. Il
« est peureux, prend de l'humeur, ne sait pas plaire; il ne
« peut ni parler d'abondance, ni monter à cheval; c'est un
« abbé dans toute la force du terme; de manière qu'avec
« beaucoup d'esprit, de grandes facultés pour l'intrigue, et
« d'excellentes intentions à présent, il est resté au-dessous
« de l'attente publique[1]. » Bien que ce portrait peu flatté
ait assez l'air d'une représaille, on y trouve des traits de
ressemblance : celui qui l'avait inspiré n'était nullement
homme d'action; le Directoire, Barras compris, ne ren-
fermait rien en ce genre, et il paraît très-avéré que, Sieyès
sentant le besoin de fixer le sort de la France, Barras, l'im-
possibilité de rester longtemps au pouvoir, l'un et l'autre
fondaient le projet d'un changement de situation sur les
succès de deux généraux, de Moreau et du jeune Joubert.
Héritier des destins de Hoche, Joubert emporta comme lui
dans une tombe prématurément ouverte, les espérances
d'une partie des gouvernants et les regrets unanimes de la
nation, dont le président du Directoire fut l'éloquent et
très-sincère interprète. L'ambitieux Bernadotte, dit-on,
songeait à continuer pour lui, au nom de la faction jaco-
bine, et aux dépens des directeurs, le rôle confié par ceux-
ci à la modération de Joubert, lorsque Bonaparte parut, et,

____

[1] Lettre à M. de Latour-Maubourg, 26 vendémiaire an VIII.

ralliant autour de sa gloire les adversaires de l'anarchie,
trouva Sieyès toujours susceptible et difficile dans ses rapports, mais au fond tout prêt à seconder un mouvement
qu'il désirait, et dans lequel il accepta, avec un sang-froid
remarquable, une grande responsabilité.

Il touchait enfin à son but! Après toute une vie d'é-
tudes [1], et dix ans d'observations, il allait donner à la France
la seule Constitution qu'il regardât comme établie sur la
logique et sur l'histoire. Il avait vu avec chagrin, en 1791,
des idées étrangères se mêler ou se substituer à une partie
de ses conceptions; bien qu'il eût, après thermidor, défendu, comme loi existante, comme loi, en apparence au
moins, revêtue de l'acceptation populaire, la Constitution
de 93, on savait ce qu'il en pensait. Les débats de l'an III
ouverts, dans deux magnifiques discours il avait exposé
son plan, modifié à l'avance par lui, mais encore trop éloi-
gné des opinions générales; on connaît les concessions
qu'il lui fallut faire, en l'an VIII, à des nécessités nouvelles, la résistance qu'il opposa, et les transactions for-
mulées dans la Constitution d'alors. D'après cette Constitution, et les plans antérieurs de Sieyès, son projet de déclaration des droits de l'homme et du citoyen [2], ses discours

[1] Né le 3 mai 1748, il avait alors cinquante-un ans, vingt-un de plus que
Bonaparte.

[2] Ce projet ne passa qu'en partie dans la rédaction définitive. Il se trouvait, comme l'on sait, en concurrence avec une déclaration de Mirabeau, une
de Lafayette, une de Mounier. Voici comment l'appréciait le rapport com-
paratif de l'archevêque de Bordeaux : «La première, s'emparant pour ainsi
« dire de la nature de l'homme dans ses premiers éléments, et la suivant
« sans distraction dans ses développements et dans ses combinaisons so-
« ciales, a l'avantage de ne laisser échapper aucune des idées qui enchaî-
« nent les résultats, ni des nuances qui lient les idées elles-mêmes. On y
« retrouve et la précision et la sévérité d'un talent maître de lui-même et

spéciaux, ses brochures, les notes recueillies de sa bouche ou écrites sous sa dictée et sous son inspiration par des confidents de son génie, nous allons tenter de résumer son système de législation, de même que nous avons essayé de rappeler, dans une esquisse impartiale, sa physionomie historique.

Après s'être demandé : Qu'est-ce que le tiers? Sieyès se demandait : Qu'est-ce que la loi? — Il répondait du même style : La volonté des gouvernés. — Comment apprécier cette volonté, toujours libre, toujours supérieure à toute institution positive, toujours constitutionnelle par sa seule réalité? — D'après l'avis de la pluralité des citoyens. Mais la démocratie brute est absurde. Le régime représentatif n'est pas seulement nécessité par l'étendue du territoire et le nombre des habitants; dans tous les cas, même dans celui du plus petit territoire imaginable, il est certain qu'il y a tout à gagner pour le peuple à mettre en représentation toutes les natures de pouvoirs dont se compose l'établissement public; à plus forte raison chez un grand peuple, la loi ne peut-elle être l'ouvrage que d'un corps de représentants, choisis pour un temps court, immédiatement ou médiatement, par tous les citoyens qui ont à la chose publique intérêt avec capacité. Ces deux qualités ont besoin d'être positivement et clairement déterminées par la Constitution.

On combinera, pour établir les bases de la représentation, les trois éléments de territoire, de population et

« de son sujet : peut-être, en y découvrant l'empreinte d'une sagacité aussi
« profonde que rare, trouverez-vous que son inconvénient est dans sa
« perfection même, et que le génie particulier qui l'a dictée en supposerait
« beaucoup plus qu'il n'est permis d'en attendre de l'universalité de ceux
« qui doivent la lire et l'entendre. »

d'impôt. Ainsi se corrigeront réciproquement les inégalités de valeur politique. La division du territoire déterminera celles des deux hiérarchies, représentative, d'une part, et administrative de l'autre, en outre desquelles fonctionnera le régime municipal, borné exclusivement au soin des affaires particulières de chaque unité collective.

Tous les pouvoirs viennent du peuple, et ont le peuple pour objet. Toute autorité établie, en quelque degré que ce soit, doit être douée d'assez de force pour pouvoir se faire respecter. De ces principes, deux conséquences : 1º Nul ne sera revêtu d'une fonction que par la confiance de ceux sur lesquels cette fonction doit s'exercer; 2º Nul ne sera nommé fonctionnaire par ceux mêmes sur lesquels doit porter son autorité. En d'autres termes, par une sorte de mécanisme circulaire, d'en bas partira *la confiance*, d'en haut reviendra *le pouvoir*.

La garantie de l'ordre social est dans l'établissement public; la garantie de la liberté civile est dans la division des pouvoirs législatif, exécutif et judiciaire; la garantie mutuelle des pouvoirs est dans une division nouvelle : celle du pouvoir *constituant* et des pouvoirs *constitués*.

Non-seulement un peuple a *le droit essentiel et imprescriptible de revoir sa constitution*; non-seulement il est bon de déterminer des époques fixes où cette révision aura lieu, mais il est à propos aussi qu'un corps soit spécialement chargé de recueillir les matériaux de la révision prochaine, et de protéger contre tous l'organisation existante. Ce corps, qu'on pourra appeler *jury constitutionnaire* ou *collége des conservateurs*, ne sera rien dans l'ordre judiciaire, rien dans le gouvernement, rien dans l'ordre législatif; il sera le complément de tout, suppléant, par des décisions d'équité, à l'insuffisance des lois; absorbant dans son inactivité, par un bienveillant ostracisme, tout haut citoyen soupçonné d'une dangereuse ambition ; choisissant enfin sur des listes qu'il aura le droit d'épurer [1], les membres du corps législatif, les siens propres, les juges nationaux (ceux dont la juridiction s'étendra sur tout le pays), et le premier représentant individuel.

Tel était le mode d'élection auquel Sieyès faisait allusion en 1791 [2], en l'indiquant comme applicable à la royauté elle-même. Selon sa définition d'alors, un roi n'avait guère d'autres fonctions que celle de grand-électeur, et c'est sous ce titre qu'en l'an VIII il proposait, au plus haut rang de la hiérarchie politique, un fonctionnaire irresponsable, richement doté, spécialement chargé de la représentation extérieure, possédant enfin le droit d'élire les chefs de l'ordre exécutif.

Conformément à la maxime que la confiance et le pouvoir doivent avoir deux origines, toute élection se composait de deux opérations distinctes, la présentation et le choix. La présentation consistait dans une succession de listes, communales, départementales, nationale, engendrées les unes des autres et ayant leur point de départ dans la masse des citoyens ; le choix, concentré virtuellement dans les autorités spéciales que nous venons de désigner, se ramifiait, comme nous le verrons, dans le pouvoir exécutif.

Il existe entre les pouvoirs des analogies de fonctions qui n'empêchent pas de les diviser suivant la règle de prudence mise en lumière par Montesquieu, mais dont on peut tirer parti pour leur organisation respective. Le législateur, à l'avance et pour son compte particulier, pour la sûreté de

---

[1] Ce droit d'épuration ne fut point donné au sénat par la Constitution de l'an VIII. On le regarda comme attentatoire à la souveraineté du peuple.

[2] *Lettre à Thomas Payne*, citée plus haut.

sa synthèse, a dû la faire précéder d'une analyse plus rapide, plus générale, mais de même nature que celle dont le juge se servira : la juridiction, à son tour, n'est qu'une législation de détail. Pourquoi donc ne pas appliquer à la confection de la loi les procédés judiciaires ? Pourquoi ne pas faire prononcer dans la forme contradictoire et par un jury national, sur les différents intérêts qui doivent avoir leur expression ? Ces intérêts sont, d'une part, celui de la nation gouvernée ; de l'autre, avec le même objet, celui de la nation gouvernante. Donnez à chacun une tribune et instituez, entre les deux, un corps dont la fonction unique sera de prononcer l'arrêt.

Le gouvernement est distinct, dans sa notion métaphysique, du pouvoir chargé de veiller à l'exécution de la loi ; mais il le nomme, il le dirige : il est législateur et juge à l'égard des fonctionnaires seuls et pour la seule observation des règlements qu'il leur prescrit. En conséquence, les deux consuls, nommés par le grand-électeur, auront et nommeront chacun un Conseil d'État et un tribunal (haute chambre de justice politique) ; les quatorze ministres, choisis par chacun des consuls, eu égard aux attributions intérieures ou extérieures, auront et nommeront également des chambres de justice inférieures ; en vue de l'exécution, ils choisiront à leur tour leurs employés, et ceux-ci, leurs subordonnés, sur la liste correspondante à l'étendue de la fonction.

En ce qui touche l'ordre judiciaire, Sieyès s'en référait en l'an VIII, *mutatis mutandis*, aux idées qu'il avait émises en 1790[1]. Chaque assemblée primaire, alors, devait nommer deux fonctionnaires ouvrant deux séries parallèles, savoir : un lieutenant de police et un de justice ou juge de paix.

[1] *Aperçu sur l'organisation de la justice et de la police en France.*

Dans chaque département, le corps électoral désignait et maintenait, tant qu'il le jugeait à propos, douze juges divisés en trois chambres, deux civiles, une criminelle. Au chef-lieu de chaque district, fonctionnait une chambre de la police générale, formée de deux membres du Directoire et du commandant supérieur de la milice nationale du district; au chef-lieu de chaque département siégeait une chambre supérieure composée de trois membres du directoire départemental et du président de la chambre criminelle. L'institution du jury, nous l'avons dit, formait la base de la justice, au civil comme au criminel : c'était, dans les déductions de Sieyès, une application du principe de la division des pouvoirs à un des pouvoirs divisés. En vue de l'organisation de cette garantie subséquente, une liste spéciale d'éligibles était dressée par l'assemblée électorale de chaque département, aux deux tiers des voix; un scrutin de rejet suivait, à la majorité du tiers; enfin, un scrutin de réduction à la majorité absolue[1]. Etaient seulement exceptées de la juridiction des pairs élus, certaines causes dites de tribunal et présentant peu d'importance; les affaires domestiques attribuées à des conseils de famille; les affaires consulaires transportées aux bureaux de police; les causes politiques et fiscales jugées par le tribunal du département, en grand comité, à la poursuite des citoyens lésés, du ministère public ou de l'autorité supérieure. Nous venons de voir de quels moyens de discipline spéciale disposait cette autorité. Au faîte du système judiciaire, quatre-vingt-trois *grands-juges de France* pris, par les assemblées électorales, parmi les magistrats de tous les départements, formaient, à titre inamovible, une Cour nationale composée de quatre

_____
[1] *Discours sur l'établissement du jury.*

hautes chambres, savoir : un grand conseil de police, un conseil de révision (Cour de cassation); un tribunal politique (pour les appels); un tribunal des crimes d'État, assisté d'un grand jury national pour lequel chaque département habilitait spécialement un député de la législature (pour chaque affaire on en prenait vingt-huit); ce tribunal devait juger sur les renvois du grand conseil de police; cépendant les ministres, les grands juges et autres mandataires supérieurs ne pouvaient y être traduits qu'en vertu d'une décision de l'Assemblée nationale.

Dans un plan d'instruction publique présenté à la Convention nationale par Lakanal, mais dont Sieyès, membre du comité, avait fourni les idées principales[1], on trouve des *jurys d'instruction* chargés, conjointement avec l'administration de chaque district, de la direction des écoles nationales, et correspondant, d'autre part, à un point central supérieur, la commission exécutive de l'instruction. Cette commission avait pour objet d'arrêter, de concert avec le Corps législatif, une méthode uniforme d'éducation intellectuelle, physique, morale et industrielle, et des règlements généraux de discipline. Sa compétence s'étendait, par l'intermédiaire des jurys, sur les écoles particulières et libres que les citoyens pouvaient ouvrir. Elle embrassait également les bibliothèques nationales, les fêtes publiques, etc.

Suivons maintenant les idées de Sieyès dans la sphère

---

[1] Ce plan, écrivait Sieyès lui-même dans le *Journal d'instruction sociale*, dont il rédigea quelques numéros avec Condorcet et Duhamel, avait pour objet de sauver tout ce qu'il y avait d'essentiel, en attendant des circonstances plus paisibles et une plus grande munificence nationale dans l'établissement de l'instruction.

administrative. A l'art de fournir des hommes propres aux différentes parties de l'établissement public, correspond, dans la symétrie de cet établissement immense, l'art de fournir les choses, et à l'exercice de cet art se rapportent parallèlement deux institutions centrales : 1° *la Trésorerie nationale* qui reçoit de tous les départements et distribue de nouveau partout, par l'intermédiaire des ministres, l'aliment général de tous les services, l'argent; 2° *l'Économat national* chargé de se procurer par tous les moyens connus, de tenir en réserve et, dans une certaine mesure, de faire fabriquer les matières premières ou secondes nécessaires à ces mêmes services. Cette direction collective se divisera en cinq sections : la première s'occupera des munitions de guerre; la seconde des autres approvisionnements matériels d'usage et non de consommation, soit pour les personnes, soit pour la chose; la troisième procurera la fourniture des objets de consommation : toutes les trois, sans rang de primauté, étant particulièrement destinées à servir les départements de la guerre et de la marine; la quatrième aura la fourniture des autres départements ou *départitions* ministérielles; la cinquième constituera le point central de toutes les autres; le secrétariat y sera attaché: c'est là qu'aboutiront toutes les demandes; de là partiront toutes les expéditions sous l'autorité collective du Conseil et les ordres immédiats de chaque ministre. C'est seulement pour alléger les fonctions que l'économat national sera détaché des ministères; il restera toujours vis-à-vis des ministres en particulier et du Conseil en corps, dans la même subordination que la trésorerie nationale à l'égard de la législature et du Conseil. La responsabilité des commissaires s'étendra depuis le moment où arrivera le mandat du ministre pour des fournitures, jusqu'à celui où elles seront remises aux mains de l'administration. En sortant de celles du marchand, ces fournitures seront soumises à une surveillance populaire, celle d'un *jury municipal;* elles seront, à ce premier passage, frappées d'un signe de reconnaissance qui, au deuxième, servira de base à un deuxième contrôle, et dans le cas de contestation ou de doute, on appellera un second *jury.*

Généralisant toute idée qui lui semble heureuse et féconde, le grand dialecticien poursuit avec la même sûreté la déduction de ses principes dans tous les ordres d'intérêts, et prépare à ceux qui le suivront, des vues neuves, des divisions claires, pour tous les genres d'institutions.

Il n'avait pas laissé de côté, dans ses études préparatoires, les travaux des économistes, dont il trouvait le système « raide et pauvre, mais supérieur cent fois à la misérable routine qui s'en effrayait » ; dans sa carrière législative, on le vit, auxiliaire de Mirabeau, combattre avec succès la banqueroute, et si, sur la question des dîmes, les arguments qu'il opposa à l'opinion générale parurent beaucoup moins solides, ce fut bien plutôt à sa *robe* [1] que s'en prirent ses adversaires, qu'à la sûreté de son jugement. Dès 1788 [2], voici le mode qu'il indiquait pour l'organisation de l'impôt :

1° Il ne sera établi que pour un an.

2° La grande répartition annuelle entre les provinces ne pourra être faite que par les États généraux eux-mêmes.

3° La seconde répartition, entre les arrondissements ou districts communaux, sera l'ouvrage des assemblées provinciales.

[1] A quoi Sieyès répondait spirituellement : « Qu'on devrait bien aussi quelquefois rechercher l'influence de la robe sur ceux qui ne la portent pas. »

[2] *Vues sur les moyens d'exécution,* etc.

4° La troisième répartition, entre les paroisses, sera faite par leurs représentants assemblés en arrondissement communal.

5° La dernière répartition, entre les propriétés ou les citoyens, sera faite par chaque assemblée paroissiale.

... 8° Les deniers paroissiaux seront partagés, suivant une loi de quotité générale, en deniers particuliers, qui resteront à la disposition de la commune, et en deniers nationaux, qui seront versés, en remontant, dans les caisses des arrondissements, des provinces et, en fin de compte, dans la grande caisse nationale.

Nous venons de voir par quels vaisseaux la substance nationale devait de nouveau se distribuer dans tout l'organisme social.

Quelque cohésion qu'il faille souhaiter et surtout tâcher d'établir entre les différents éléments du service public, on doit, si l'on veut se conformer à ce que demande la nature des choses, distinguer, avec beaucoup de soin, de l'élément *économique*, l'élément *administratif*, et celui-ci, de la *direction*. S'occupe-t-on spécialement du département de la guerre[1]? Dans cette partie si compliquée, les choses fournies par l'*économe* et reçues par l'*administrateur*, sont ensuite, par celui-ci, distribuées aux soldats consommateurs. Abandonnant les hommes au *directeur*, quand il s'agit de les combiner, de les instruire, de les mouvoir, etc., l'administrateur les reprend quand ils sont malades ou blessés; il les reprend comme choses au radoub et ne les rend à la direction que redevenus agents militaires; les prévenus de délits, prisonniers, etc., rentrent de même dans la compé-

---

[1] Rapport sur l'organisation de ce ministère, 25 janvier 1793.

...nce administrative, pour le temps qu'ils ne sont pas susceptibles d'être militairement commandés. Par cette analyse des fonctions en vue de l'harmonie du service, la science ne fait que rappeler la spécialité et l'union des différentes facultés dans l'unité individuelle; par là, dans chaque grande division, le chef dégagé des détails, conservera toute la liberté, toute la fraîcheur d'esprit nécessaire pour se livrer, dans son cabinet et au Conseil, à la recherche des mesures d'État : « Un ministre de la République est un homme qu'il faut entourer de tous les moyens de faire son devoir et de toutes les lumières propres à le diriger dans ses vastes opérations. » C'est toujours dans cette pensée qu'auprès de celui de la guerre, outre un directeur en sous-ordre, mais subsidiairement responsable, comme l'administrateur adjoint, on placera quatre *conseillers de législation et d'inspection*, non pour délibérer en commun et décider par le suffrage, erreur capitale dans l'échelle des fonctions exécutives, mais pour avertir constamment le *procurateur* supérieur d'*exécution*, de l'état de la législation dans son ressort; pour l'aider dans la rédaction des rapports qui lui sont demandés; pour inspecter au besoin celles des parties de son immense administration qui lui paraîtraient en souffrance ; pour rechercher l'origine du mal et lui en proposer le remède, etc.

Encore une des analogies que fournissait l'observation à l'esprit ingénieux de Sieyès : « Les Tartares, les Arabes errants peuvent aller à la guerre en corps de nation et tout à fait *démocratiquement*. Pour nous, fixés par la culture, par les arts et la division des travaux sur la terre que nous habitons, *il nous est défendu de sortir du système représentatif même pour nous battre;* ce qui ne veut pas dire pourtant que quand nous sommes attaqués sur nos foyers, il ne se mêle un peu de démocratie à celle sorte de représentation ; relativement à la partie ambulante et militante de la République, aux armées, le ministère de la guerre représente une grande maison construite et meublée à leur usage. Or, s'il faut qu'il demeure fixé au centre du gouvernement tandis que les armées voyagent ; si ces situations diverses sont impérieusement commandées par l'essence des institutions, pourquoi la *représentation du ministère de la guerre* n'accompagnerait-elle pas du moins la *représentation militaire de la République?* Ainsi, la guerre déclarée, on appellerait au ministère des adjoints-généraux chargés de veiller spécialement à l'organisation des armées, puis d'aller, sans abandonner leurs communications centrales, prendre, dans ces mêmes armées, le gouvernement ministériel des deux parties administrative et économique. Un commissaire député par l'économat national compléterait ce service détaché, qui, dans certaines situations, composerait, avec le général en chef, un véritable ministère, un *ministère du dehors,* relativement plus puissant que celui dont il paraîtrait n'être que le représentant; ayant, par la nature des choses, sur le pays ennemi, un pouvoir mêlé de législation et d'exécution ; devant y déployer, proportionnellement à ses forces réelles et aux circonstances, toute l'activité convenable pour soulager la République dans ses dépenses et pour se procurer, aux dépens de l'ennemi, la totalité, s'il était possible, des fournitures et approvisionnements de l'armée, etc.

Sans qu'il faille se dissimuler ce que les hommes spéciaux eussent facilement trouvé à reprendre à cette dernière application, on voit que si jamais système put s'appeler *représentatif,* c'était bien celui de Sieyès, qui, dans sa régulière unité, mettait invariablement en *représentation* toute *action,* comme tout *examen* en *jury*. C'étaient de vraies et belles découvertes que cette généralisation de principes et de procédés innés, pour ainsi dire, au génie de la race germanique, mais perdus pour tant de nations et dont aucune n'avait encore mesuré toute la portée ; que cette analyse des pouvoirs au point de vue de leur origine, qui complétait la science moderne dans un de ses plus grands développements. Sieyès, rattachant la politique aux recherches métaphysiques, aux considérations morales, plus qu'on ne l'avait fait jusqu'à lui, a mérité de faire école dans ces importantes études qui ont la société pour objet. Comme Locke, le compatriote et le disciple de Bacon, notre sage Montesquieu s'était particulièrement attaché à l'observation des résultats ; « voulant, croyant remonter aux *principes*, Rousseau s'était arrêté aux *commencements* [1] » : Sieyès va droit aux causes premières, à la *nature des choses*, à celle de l'homme ; il reconnaît les avantages qu'a eus, pour les sciences naturelles et le progrès de la raison, la méthode de l'observation substituée à l'esprit de système : mais il veut que l'observation dépasse le domaine des faits, qui, pour la politique, est le monde des sens ; il veut qu'elle combine des *idées*, des idées premières, des principes. Dans cette voie on peut s'égarer, car où ne s'égare point l'esprit de l'homme ? On peut, si l'on cessait de donner une part suffisante à l'histoire, suivre, au lieu de principes, des chimères, en revenir aux vains systèmes et même aux systèmes dangereux. Sieyès garda-t-il une sage mesure ? Son plus bel éloge, selon nous, sera de n'avoir point obtenu ceux dont Jean-Jacques fut atteint, en punition de ses paradoxes. Le respect

[1] Sieyès, *Notice.*

de la propriété[1], de même que celui des personnes[2], l'indissoluble relation de la liberté et de la justice, tels sont les ·articles de foi qui placeront toujours son école à l'abri de l'admiration d'une certaine classe de novateurs. En reconnaissant la souveraineté où la raison la peut concevoir, dans la volonté générale, Sieyès ne fait point de cette volonté, sur les pernicieuses traces de Hobbes, une puissance illimitée ; il borne le pouvoir public à la protection des droits, à la surveillance des devoirs inhérents à l'individu, dont chacun ne met en commun que la moindre partie possible, et dont la partie réservée forme, si l'on veut nous permettre une sorte de trope politique, *le droit divin* des nations. Ces principes sont universels : le penseur, contemplant son œuvre, disait avec un juste orgueil : « Ce sera le système « français; et, puisqu'il est vrai que c'est en même temps « le système naturel, que l'art social y mène par tous les « pas qu'il enseigne à faire sur la ligne de la perfectibilité « humaine, il est permis d'espérer qu'il deviendra un jour « le système de tous les peuples éclairés et libres. »

Nous ne nous étendrons point ici sur les changements définitifs qu'eut à subir cette majestueuse conception, au grand regret de son auteur, plus qu'à son détriment véritable. Le sens public reconnaissait la nécessité d'un pouvoir plus fort que ce grand-électeur, roi constitutionnel sans sceptre, fantôme de fantôme emprunté aux idées que com-

---

[1] « Nous ne sommes pas envoyés ici pour porter atteinte à la propriété. « La France, l'Europe entière, diront anathème à quiconque entreprendra « de violer ce premier principe de l'ordre général, ce Dieu de toute législation. »

[2] « Perdons la chose (l'ancien régime), mais respectons les individus; « car si l'état social n'a pas pour unique objet le bonheur des individus, je « ne sais plus ce que c'est que l'état social. » (*Considérations sur la vente des biens ecclésiastiques.*)

battait Sieyès. Principalement occupé de garantir l'harmonie de son ouvrage dans les hypothèses futures, le théoricien de l'an VIII n'avait pas assez fait la part des nécessités du présent; il n'avait mis partout que des ombres, disait en plaisantant son puissant collègue : ombre de pouvoir législatif, ombre de pouvoir judiciaire, ombre de gouvernement: « il fallait bien de la substance quelque part », et en centralisant le pouvoir, sans cesser de généraliser, au contraire, en réalisant la représentation nationale, Napoléon ne faisait que compléter cette *unité organisée* si conforme au nouvel aspect de la société française, si glorieuse pour le nom de Sieyès.

Le sphinx avait donné son énigme. La Constitution promulguée, Sieyès se tut, il disparut, plus fidèle à son caractère que dévoué, comme on le croyait, à des principes d'opposition [1]. Il ne rendit plus qu'un oracle : Quand Napoléon, aux Cent-Jours, vit s'empresser autour de lui les déserteurs de sa fortune; quand il crut pouvoir se confier aux effusions patriotiques des hommes connus ou nouveaux qui voulaient tous mettre la main aux destinées de la patrie: « On vous livrera », lui dit Sieyès [2], et tandis que le grand martyr de la démocratie française, celui qui, dans sa gloire immense, en devait résumer toutes les gloires, tous les travaux, tous les malheurs; tandis que *le nouveau Prométhée* était traitreusement attaché sur le rocher de Sainte-Hélène, Sieyès partait pour un long exil. Il avait vu, longtemps auparavant,

[1] « Sieyès m'a toujours été attaché, je n'ai jamais eu à m'en plaindre. Il « a pu être fâché de me trouver dans le chemin de ses idées métaphysi- « ques, mais il en revenait à sentir la nécessité que quelqu'un gouvernât, « et me préférait à un autre. Sieyès, après tout, était probe, hônnête et « surtout fort habile : la Révolution lui doit beaucoup. » (Paroles de Napoléon, *Mémorial de Sainte-Hélène.*)

[2] *Mémoires du duc de Rovigo.*

Mirabeau tomber épuisé de ses luttes et de ses victoires, mais tomber sur le sol natal ; lui-même, plus qu'octogénaire, devait encore ressentir les douces émotions d'autrefois en quittant la terre étrangère : Sainte-Hélène ne devait rendre que des restes inanimés.

FIN.